CW01650300

PLEASE RETURN TO
THE NORWICH CENTRE
LIBRARY

Nice 2010
for Isabelle

© Bayard, 2010
18, rue Barbès,
92128 Montrouge Cedex (France)

ISBN 978-2-227-48248-7

DES HOMMES ET DES DIEUX

LES IMAGES DU FILM, LES ÉCRITS DES MOINES DE TIBHIRINE

UN FILM DE XAVIER BEAUVOIS,
DES PHOTOGRAPHIES DE MARIE-JULIE MAILLE

bayard

PRÉFACE

Après l'assassinat sanglant de son maître spirituel Shams de Tabriz, le poète soufi Rûmi (XIII [éme] siècle), écrivit :

« J'étais neige à tes rayons je fondis ;
La terre me but ; brouillard d'esprit, je remonte vers le soleil.
Tu es endormi alors que l'eau de la source jaillit sur toi.
Lève-toi de ton sommeil et saisis la coupe de l'éternité.
Le reste c'est l'amour qui te le dira en cachette de moi.
Sois comme les sept compagnons de la caverne,
À la fois endormi et éveillé »

Peut-être les frères de Tibhirine connaissaient-ils ces quelques vers. Peut-être pas...
Mais ces mots nous parlent, à quelques siècles de distance, du sentiment étrange et mystérieux que beaucoup d'entre nous ont eu en travaillant et en regardant « Des hommes et des dieux », le film de Xavier Beauvois.

La poésie sauvage et authentique de la vie de ces hommes, donnée humblement à Dieu, nous l'avons ressentie tout au long de la réalisation de cette œuvre exigeante. Elle nous a accompagnés quotidiennement, elle continuera d'émouvoir longtemps...
Leurs écrits ont été une source d'inspiration pour nous. Ils demeurent un témoignage profond pour ceux qui ont soif de justice et de paix. Les acteurs les ont incarnés avec passion ; l'équipe du film les a servis avec talent, jusqu'au bout.
Les sept frères de l'Atlas ne sont pas complètement morts... Ils sont juste endormis. Cachés dans nos cœurs ? Il appartient à chacun d'entre nous d'y songer et de les réveiller, lorsque le courage, la générosité, la fraternité viennent à nous manquer.

Étienne Comar
Scénariste, producteur

Les environs du monastère de Tioumliline, au Maroc, où le film a été tourné.

VOCATION

C'est toi qui donnes forme d'amour à mon existence.
Ton je t'aime un jour m'est apparu.
Je ne m'en suis pas remis.
Je reste au bord de ce « puits que rien n'épuise »
Épuisé.
Un jour de Toussaint, j'ai signé sur la feuille officielle ton je t'aime.
Ce qui a lieu ici, c'est une histoire cachée, c'est jeu d'amour ou rien du tout.
Frère Christophe, le 12 août 1993

J'écrirai au désert.
Je défendrai ta cause. Si ton souffle prend ma main : j'obéirai à ton langage.
Frère Christophe, le 28 août 1993

Frère Christophe
(Olivier Rabourdin) à la chapelle.

Il me paraît que vivre dans la « maison de l'islam », c'est sentir concrètement la difficulté, et donc l'urgence plus grande, de ces nouveautés de l'Évangile que l'Église n'a extraites de son trésor qu'assez récemment : non-violence pratique, urgence de la justice sociale, liberté religieuse, spiritualité du dialogue, respect de la différence, sans oublier la solidarité avec les plus pauvres, toujours à réinventer.
Frère Christian, septembre 1989

Venir en Algérie par Toi, c'est un mouvement d'amour infini, et précis : va, aime ce peuple, sois le serviteur de mon je t'aime.
Frère Christophe, le 7 mai 1995

Vous ne comprenez pas ? Ce qui est à comprendre, l'unique chose à connaître : c'est le Don
Frère Christophe, le 15 février 1994

Tournage de la cérémonie
de la circoncision
(vue du moniteur de contrôle).

L'ÉCHANGE

Mouloud était hier au chœur, le chef couronné de fleurs (qu'il laissera à la fin de l'office : baraka. Aïssa houia). J'ai été ému de sentir sa main agrippée à ma coule pour se maintenir. Nous nous prosternons d'un même mouvement pour les doxologies qu'il bredouille... imparfaitement mais c'est avec une grande conviction qu'il les conclut : Amin.

Frère Christophe, le 8 septembre 1993

Autour du thé avec des villageois, frère Christian (Lambert Wilson) et frère Luc (Michael Lonsdale).

M… a pris l'habitude de venir s'entretenir régulièrement avec moi. Nous avons ainsi une longue histoire de partage spirituel. Souvent, il m'a fallu faire court avec lui, quand les hôtes se faisaient trop nombreux et absorbants. Un jour, il trouva la formule pour me rappeler à l'ordre : « Il y a longtemps que nous n'avons pas creusé notre puits ! » L'image est restée. Nous l'employons quand nous éprouvons le besoin d'échanger en profondeur. Une fois, par mode de plaisanterie, je lui demandai : « Et au fond de notre puits, qu'est-ce que nous allons trouver ? De l'eau musulmane ou de l'eau chrétienne ? » Il m'a regardé, mi-rieur mi-chagriné : « Tu te poses encore cette question ? Tu sais, au fond de ce puits-là, ce qu'on trouve, c'est l'eau de Dieu. »

Frère Christian, septembre 1989

Ce matin en écoutant Ali. Je me dérobe aussi car il s'agit ainsi d'accueillir chaque frère dans sa façon unique de vivre l'aujourd'hui. Me reviennent vite des réactions d'agacement devant trop de paroles, ou de repli orgueilleux sur moi devant une attitude déconcertante, déconvenante. Il faudrait recevoir la force de l'oubli de moi, près de Marie – simplement : je suis.

Frère Christophe, le 22 décembre 1993

Mohammed : « Vous, vous avez encore une petite porte par où partir.
Pour nous : non, pas de chemin, pas de porte.
Ici, c'est le meilleur coin de la wilaya, de toute l'Algérie et ils veulent … »
Mohammed, comme le Syméon du Temple (du temps qu'il était jeune !)
Cet homme juste et fervent
Attend la CONSOLATION .
L'Église, comme le peuple algérien : son âme est transpercée d'un glaive.

Frère Christophe, le 29 décembre 1993

Les moines consacrent une part de leur travail à la production et à la vente du miel.

M… le fils d'Ali : « Tu sais, chaque matin, quand je pars pour le travail, je regarde la maison pour voir s'il y a de la lumière. Et je dis : hamdul illah. »
Frère Christophe, le 6 janvier 1994

Laissons-nous interpeller, désinstaller, enrichir par l'existence de l'autre ; écoutons-le, cherchons à mieux comprendre sa tradition religieuse telle qu'il la dit, et à la respecter telle qu'il la vit.
Frère Christian

Quelle joie de rencontrer Mohammed, Ali ou Moussa. En eux, le Mystère affleure simplement, purement. C'est une qualité de présence : paisible, douce, nourrissante.
Frère Christophe, le 12 février 1994

Les enfants de Mchermou, où ont été tournées les scènes de village.

L'œuvre de Dieu, c'est le vrai labeur du moine. J'aime l'accomplir ici. Avec Mohammed cet après-midi, on a parlé fumier, labours… W et Moussa taillaient un pommier. Ammi Ali est passé – pour nous voir de ses yeux inquiets – avec son petit-fils Amine.
Frère Christophe, le 2 janvier 1994

Cela nous aide d'avoir sous les yeux le comportement de nos voisins qui est globalement celui de gens modestes et religieux. Ça serait plus scandaleux de mal nous prêter à notre vocation dans un tel contexte. Ils savent pratiquer le partage. La relation et l'hospitalité comptent beaucoup pour eux. Nous nous y exerçons aussi, en recevant souvent des leçons…
Frère Christian, 1993

Frère Luc (Michael Lonsdale) au dispensaire, soigne Zoukaïna, accompagnée de sa mère.

Étonnant frère Luc. Ce matin, avant Laudes, il les soigne puis les informe « durant la semaine sainte » de ne pas venir – sauf s'ils sont fatigués.
Frère Christophe, le 10 avril 1995

Devant le village de Mchermou, au Maroc. Le monastère de Tibhirine se trouvait entre Tamesguida et Médéa, en Algérie.

D'expérience, nous savons que les petits gestes coûtent souvent beaucoup, surtout quand il faut les répéter chaque jour. Laver les pieds de ses frères le jeudi saint, passe, mais s'il fallait le faire quotidiennement ? et au tout-venant ?
Frère Christian, Jeudi saint, le 31 mars 1994

Je crois que dans le contexte de Tibhirine, c'est-à-dire un monastère situé au centre d'une population misérable, le geste de s'occuper de ceux qui sont malades, de ceux qui ont faim, de ceux qui ne sont pas vêtus, est un geste évangélique, ecclésial et qui s'inscrit dans toute la tradition monastique.
Frère Luc, Archives de Tibhirine

La porte du monastère de Tioumliline, au Maroc, qui figure celle du monastère de Tibhirine.

FRÈRES

Tant qu'il y aura une douleur à partager dans le monde, vous serez là, compagnons de la nuit et du doute, de la veille et des larmes.
L'aurore se lèvera pour les autres ; pour vous, elle sera encore prématurée tant qu'il y aura un enfant dans le coma, et des parents effondrés pour qui le temps s'est arrêté au chevet d'un être déjà absent.
Frère Christian, 1977

L'échange de notre part est seulement le don. Le retour du don ne dépend pas de nous et c'est là que se joue la Foi, le saut dans le vide. Il ne s'agit pas de croire que l'autre va nous rendre, que nous aurons une récompense, ce serait vouloir sauver sa vie. Si l'autre ne répond pas, aucune importance, c'est dans l'acte même de donner que nous trouvons «la vie». Perdre sa vie : le Christ n'existe pas pour lui-même et c'est pour cela que nous trouvons notre salut en existant pour lui ; c'est-à-dire pour ses frères qui sont aussi les nôtres.
Frère Luc, le 8 mars 1994

De gauche à droite :
frère Christian (Lambert Wilson),
frère Amédée (Jacques Herlin),
frère Jean-Pierre (Loïc Pichon),
frère Luc (Michael Lonsdale),
frère Célestin (Philippe Laudenbach),
frère Christophe (Olivier Rabourdin),
frère Paul (Jean-Marie Frin),
frère Michel (Xavier Marly).

Nous sommes vraiment moines en continuant à vivre ici le même mystère de Noël, du Dieu vivant avec les hommes... et s'exposant par là, dès le berceau, au massacre des innocents. Notre mort est incluse dans le don, elle ne nous appartient pas, et donc elle ne peut être risquée que dans le même climat d'Évangile que tous nos autres instants offerts à Dieu au sein de cette communauté monastique à laquelle nous sommes liés d'amour à la vie à la mort ou encore pour le meilleur et l'au-delà du moins bon.
Frère Christian, janvier et février 1996

Paysage du Moyen-Atlas.

PRIER

Heureux les pauvres.

La première disposition pour entendre la parole de Dieu, c'est la pauvreté.

Il faut éviter de s'en faire une idée simpliste : matérielle. C'est aussi faux que de la réduire à une aspiration purement spirituelle. La pauvreté matérielle est une situation économique et non une vertu. La pauvreté ne mène pas nécessairement à l'amour. Mais l'amour vrai mène toujours à la pauvreté. Une pauvreté subie recouvre généralement une avidité violente. Une certaine pauvreté détourne de Dieu.

Heureux ceux qui ont une âme de pauvre.

Heureux ceux qui acceptent de se laisser critiquer par la parole de Dieu.

Heureux ceux qui acceptent de remettre leurs idées en question. Heureux ceux qui acceptent de croire qu'ils n'ont encore rien compris. Heureux ceux qui savent accepter de penser que Dieu peut tout demander.

Le premier appauvrissement que Dieu nous demande, c'est de renoncer à l'idée que nous nous étions faite de la pauvreté.

Il n'y a pas d'état « d'âme » qui puisse exister sans se traduire dans le geste d'un corps !

L'humiliation d'être riche est un début de pauvreté. L'orgueil d'être pauvre est la plus dangereuse des richesses.

Qui a une âme de pauvre ?

Quand le Seigneur nous désinstalle d'une de nos positions matérielles ou spirituelles !

La pauvreté, c'est la condition première pour être perméable à Dieu. Pars ! Quitte ton pays, ta culture, tes habitudes, ton passé. Et Abraham partit ne sachant où il allait (He 11, 8) (signe infaillible que c'était dans le bon sens, dit Grégoire de Nysse).

...

Statue de la Vierge, créée pour le film, inspirée de celle qui se trouve au monastère de Tibhirine.

…

Abraham avait une âme de pauvre. Il a accepté une parole de Dieu toute désinstallante.
Une pauvreté établie, acquise, est une contradiction dans les termes : une « acquisition » de plus.
Notre pauvreté sera faite de nos quotidiennes désinstallations dans la joie.
Incertitude du lendemain, qui réclame une très grande confiance en Dieu.
Dieu veut que vous ne vous cramponniez à rien. Le vrai Pauvre, c'est le Christ, il ne s'est cramponné à rien. Il n'a pas retenu avidement son égalité avec Dieu. Il s'est anéanti lui-même (Ph 2, 6-8). Ceux qui ont rencontré le Christ, se sont laissés faire « Sans savoir où ils allaient, sans savoir où ça les mènerait ».
Chacun a son idée sur Dieu. À cela aussi il faut renoncer.
La première scandaleuse illumination, c'est que Dieu est pauvre.
C'est une véritable création que de commencer à aimer quelqu'un qui ne nous aime pas.
Heureux ceux qui font sauter les cercles vicieux de nos monotones disputes, de nos rancœurs, de nos rancunes.
Les pauvres sont évangélisés, c'est-à-dire tous ceux qui sont assez libres, assez détachés, assez disponibles.
Quand l'homme se vide, il y a place en lui pour l'action de Dieu.
Quand il se confie comme un pauvre.
Pauvreté = incertitude = confiance.
Texte manuscrit trouvé dans le Missel quotidien de frère Luc.

Frère Christophe
(Olivier Rabourdin)
à la chapelle.

Nous nous sommes retrouvés, du 29 au 31 mars 1993, en notre lieu de référence, entre plaine et montagne. Peut-être pour être plus concrètement « lien de paix » (Ribât es-Salâm) offert aux frères de la plaine et de la montagne. Et pour être ainsi plus proches de l'Algérie profonde que chacun de nous, un jour, a rencontrée et avec laquelle nos vies ont fait alliance. C'est donc là, dans le « creux du rocher », que notre thème s'est vécu plus intensément, comme une prière pour tous : Tu es la paix, de Toi vient la paix, fais-nous vivre dans la paix ! » Prière du Hajj, on le sait ; prière de tout pèlerinage vers l'unité que Dieu veut…
Frère Christian, décembre 1993

Yom Kippour.
Pris ensemble dans ce geste démesuré,
Pris d'amour fou
Car il faut
Ici offrir
Une réponse
À la violence du mensonge homicide.
L'autre joue, c'est tout mon corps
Élevé dans l'amour crucifié
Nu, vulnérable, fort.
Tu es gagnant.
Frère Christophe, le 25 septembre 1993

Frère Christophe (Olivier Rabourdin) à la chapelle.

Tantôt humilié, tantôt exalté,
caché maintenant, manifesté tout à l'heure
pour être un jour comblé par la dilection
il faut risquer mainte aventure
avant d'atteindre
ce point où l'on goûte
la pure essence de l'Amour.
Frère Christophe, le 11 janvier 1994

La première fois qu'une communauté soufie du voisinage a demandé à nous rencontrer – c'était à Noël 1979 – son porte-parole avait bien pris soin de préciser que c'était pour un partage de prière qu'ils désiraient nous retrouver. « Il nous faut laisser Dieu inventer entre nous quelque chose de nouveau. Cela ne peut se faire que dans la prière. » Cette expérience m'aide à ne pas figer le musulman dans l'idée que je m'en fais.
Frère Christian, 1993

Décor de mosquée, créé pour le film.

ISLAM

Ce lieu a d'autres habitants qui sont aussi nos frères de constance dans ce quotidien difficile. Nous sommes liés, au moins pour le moment et par consentement mutuel, au bonheur de paix que le petit peuple qui nous entoure ne cesse d'espérer pour le pays tout entier, en continuant notamment à nous faire une place, refusant ainsi de se reconnaître dans une Algérie qui chasserait les étrangers ou dans un islam qui exécuterait les non-musulmans. Notre stabilité et sa constance font droit à ce comportement spontané de la plupart de nos voisins. Et le risque que nous courons est aussi témoignage (martyre) offert à leur rejet de la violence et du sang versé.

Frère Christian, commentaire de la Règle de saint Benoît

Frère Luc (Michael Lonsdale) avec ses patients dans la file d'attente du dispensaire.

L'islam est né au désert, comme le monachisme. Il en porte une marque indélébile. Le prophète resta lui-même « enclin à la méditation et au silence ». Et la vie rituelle tend à situer le croyant « seul avec le Seul », même à Mekka quand les pèlerins se pésentent par centaines de milliers. Le muezzin qui appelle à la prière s'exprime en solitaire : « Je témoigne... » (Ashhadu). De plus, au sein de l'islam comme dans le christianisme, s'entretient la conscience de n'être, comme Abraham, « qu'étrangers et voyageurs sur la terre... faits pour aspirer à une autre patrie » (He 11, 13ss.) à laquelle conduisent tous les chemins de désert.
Frère Christian, septembre 1989

Priants parmi d'autres priants. C'est ainsi que notre petite communauté monastique, « épave » cistercienne dans un océan d'islam, parvenait à se définir dans l'Algérie indépendante de 1975, alors même que nous avions, semblait-il, huit jours pour quitter les lieux... où nous sommes toujours.
Frère Christian, 1989

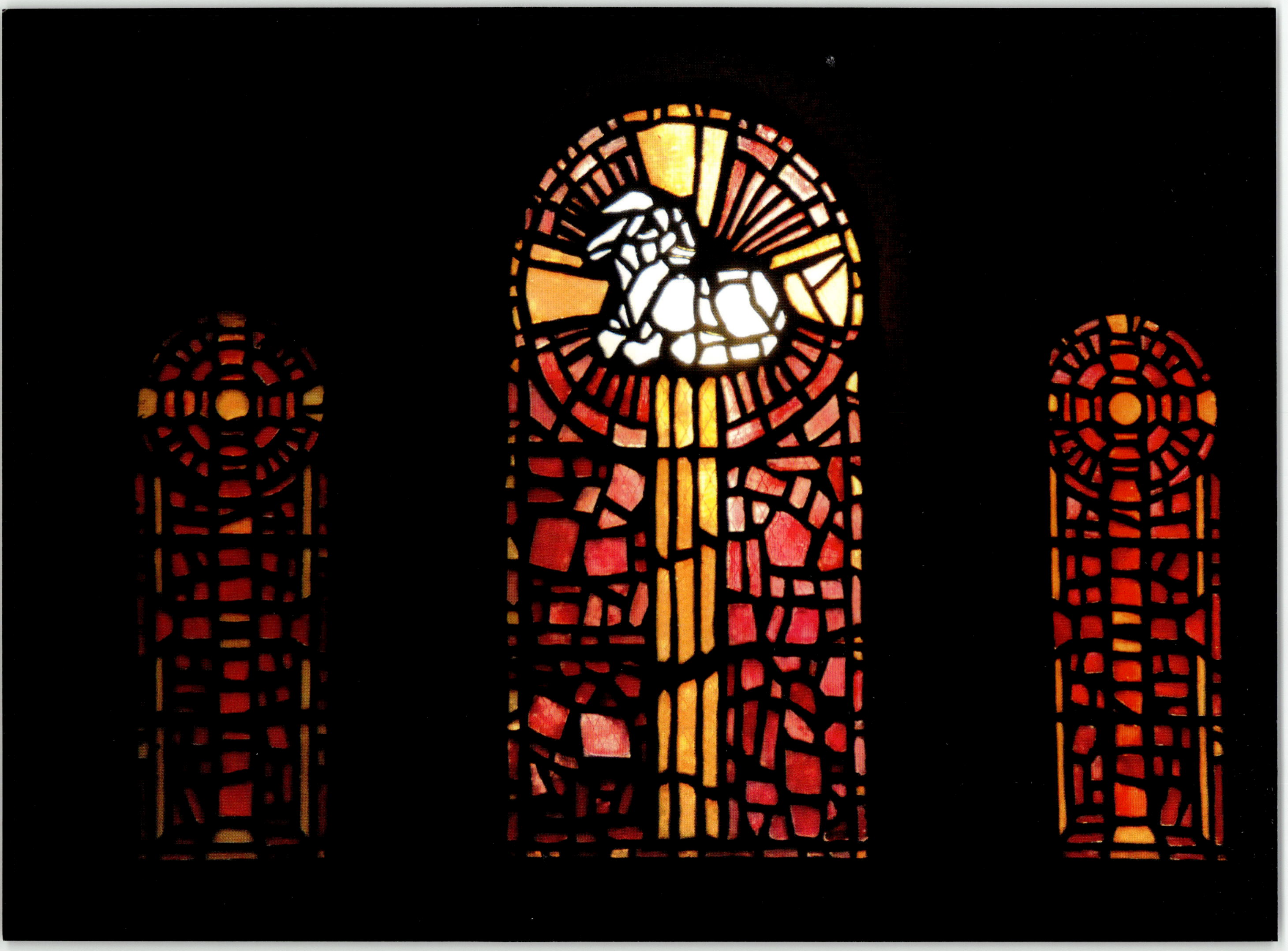

Vitraux réalisés pour le décor de la chapelle.

NUIT

Un quart d'heure après Complies, retour à la chapelle... Silence du soir, cette plage au rivage de la Parole où viennent se briser comme vagues tous les mots et les bruits du jour.
Pénombre de la nuit, à l'ombre d'une présence confiée à la vigilance de la lampe vacillant au sanctuaire.
Prière d'abandon, prosternée, entre l'autel et le tabernacle : « Cherchez le Seigneur tant qu'Il se laisse trouver ; invoquez-le tant qu'Il est proche », disait le prophète Isaïe...
Et puis cette autre présence qui s'approche, doucement, insolite.
Tu étais donc là toi aussi, contre le même autel, frère à genoux, prosterné. Le silence continue un long moment. Un murmure s'élève venu des profondeurs, puis s'amplifie, s'arrachant à quelque abîme, telle une source paisible et tout à la fois irrésistible : « 'ALLAH ! Dieu ! 'ALLAH 'AKBAR ! Le Tout-Grand. » Soupir. « Dieu ! »

Silence. Alors tu t'es tourné vers moi : « Priez pour moi. » Un autre silence, ton attente. Nous avions à peine échangé quelques mots depuis ton arrivée, lundi, avec lui, notre ami commun. Il me faut risquer des mots que j'entendrai à peine :
Seigneur Unique et Tout-Puissant, Seigneur qui nous vois, Toi qui unis tout sous ton regard, Seigneur de tendresse et de miséricorde, Dieu qui es nôtre, pleinement.
Apprends-nous à prier ensemble, Toi, le seul Maître de la prière...
Dès lors notre prière à deux voix. L'arabe et le français se mélangent, se rejoignent mystérieusement, se répondent, se fondent et se confondent, se complètent et se conjuguent. Le musulman invoque le Christ. Le chrétien se soumet au plan de Dieu sur tous les croyants, et sur l'un d'entre eux qui fut le prophète Muhammad...

Frère Christian, le 21 septembre 1975, pendant le Ramadan

« Le christianisme est la grande aventure car on y est appelé par un amour infini c'est-à-dire qui ne finit pas de demander et de donner »
Ribât es-Sâlam : Veilleur où en sommes-nous de la NUIT.

Frère Christophe, le 24 octobre 1993

Frère Amédée (Jacques Herlin), devant la porte du monastère. À Tibhirine, elle est longtemps restée ouverte jour et nuit.

Il y a ici, dans la nuit, quelque chose à voir, à recevoir : ce Don plus fort que la mort. Marie la première en fut transpercée comme Jésus : placée dans l'axe de la lance meurtrière qui touchait son fils déjà remis en d'autres mains.
Frère Christophe, le 2 décembre 1993

Nuit obscure et l'Étoile du matin éclaire chaque visage. Nous sommes tous vivants.
Et la lumière dans les ténèbres brille, et les ténèbres ne l'ont pas saisie.
Il suffit de nous en tenir au pouvoir de devenir enfants de Dieu ici engendrés.
Frère Christophe, le 25 décembre 1993

La nuit était donc là, elle aussi, à notre rencontre. Et nous ne savions pas trop s'il fallait l'identifier aux ténèbres où rôde le « séparateur » ou à ces heures de veille qui précèdent l'aurore et en portent l'espérance, sachant qu'avec elles le jour est déjà commencé. N'est-ce pas à l'heure des Vêpres que s'ouvre l'aujourd'hui de demain dans les traditions sémites ?
Impossible de ne pas renaître à cette lumière quand s'annonce, au creux de la nuit, la naissance de l'enfant au cœur de la paix : c'est bien la nuit que Dieu voit le jour.
Frère Christian

Un moine c'est nocturne. Comment parvenir à l'intercession, à la représentation, à la supplication si je ne cesse d'être en souci de moi.
Frère Christophe, le 4 février 1994

Dans la nuit, avant l'ouverture de l'office, Christian nous annonce que deux de nos sœurs, Vivianne et Angela, ont été assassinées ce dimanche soir à Belcourt. Je lis et relis l'Apocalypse. En marche le lecteur. Oui, c'est de toi, agneau vainqueur et égorgé qu'il s'agit. De toi qui vient vite. Et je voudrais être pris par ton mouvement de vie donnée.
Frère Christophe, le 4 septembre 1995

Des militaires devant le monastère. Ils sont interprétés par des soldats de l'armée marocaine.

VIOLENCE

Assassinats à Alger. Après tant d'autres.
Ce cahier ne peut rester à l'abri de cette violence. Elle me traverse.
Oui. Être ton corps ici nous expose à cette violence qui pour le moment ne nous vise pas.
Ne serait-ce pas mieux si un seul s'offrait pour ce pays.
Mon serviteur, dis-tu sera là où je suis.
Il faut réellement te suivre.

Frère Christophe, le 23 aoûte 1993

Frère Christophe
(Olivier Rabourdin)
et frère Christian
(Lambert Wilson),
au « promontoire ».

J'ai 43 ans. Combien encore à tenir ici. Hier c'était un journaliste de 31 ans poignardé. Salim m'est devenu très proche. Amitié et intercession : non pas tant prier pour, que sentir ma prière traversée par ce frère reçu comme ami. Je voudrais être son bouclier, son ami dans la détresse.
Il me faut gagner en moi le combat de la PAIX. La recevoir de tes mains percées.
Frère Christophe, le 20 octobre 1993

Le mardi 14 décembre, à la nuit tombée, douze hommes, douze frères, citoyens de l'ex-Yougoslavie, ont été égorgés à l'arme blanche. Il faudrait dire l'humiliation de tous ceux qui, dans notre environnement, ont ressenti ce massacre comme une injure faite à l'islam tel qu'ils le professent et cela au double titre de l'innocence sans défense et de l'hospitalité accordée. Plusieurs ont fait référence au verset coranique qui dit : « Celui qui a tué un homme qui lui-même n'a pas tué , ou qui n'a pas commis de violence sur la terre, est considéré comme s'il avait tué tous les hommes… » (Coran, 5, 32)
Frère Christian, le 22 janvier 1994

Frère Christian
(Lambert Wilson),
face au chef des terroristes
(Farid Larbi).
(Photogramme du film)

Ici les temps sont mauvais, nous vivons dans la violence et l'ineptie. Ainsi, on sait à quoi s'en tenir sur le monde. Vieux (j'aurai 81 ans dans quelques mois) et malade, je suis toujours harcelé par les pauvres et les malades. Ma seule défense est une Espérance aveugle en Dieu. Il faut savoir passer puis mourir. Que ce soit dans la Paix du Christ en pleine lucidité et dans l'amour des hommes !
Frère Luc, le 8 novembre 1994

Ils ont été tués hier matin les pères Chevillard, Dieulangard, C.Deckers et Christian Chessel à Tizi Ouzou offerts avec l'Ami suivi jusqu'à l'excès.
Fais venir ton règne, Père : l'Esprit, là où tu nous veux.
Frère Christophe, le 28 décembre 1994

À Sarajevo, on meurt en faisant son marché. À Bab-el-Oued, c'est une voiture piégée hier qui a tué. Et je suis encore en vie. De quel droit. Pour quelle responsabilité de survivant ? Qohélet dit qu'il y a de l'espoir pour qui est lié à tous les vivants (9, 4).
Frère Christophe, le 1er septembre 1995

Le wali (préfet) vient dire aux moines qu'il compte prendre des mesures de sécurité. Frère Christian (Lambert Wilson) refuse la protection du monastère par l'armée.

Le massacre des Croates nous a donc traumatisés. Oui car nous ne sommes pas blindés par la clôture. Elle délimite un espace d'accueil, elle figure un cœur ouvert : blessé par la souffrance de ce monde, elle pose une résolution d'Amour crucifié face aux ennemis.
Frère Christophe, le15 janvier 1994

Jour après jour, il faut continuer d'encaisser les coups de l'adversaire. On coupe les têtes, on égorge. Mohammed M. disait hier soir : il y a derrière tout ça une force qui veut diviser, opposer les croyants.
Frère Christophe, le 1er mars 1994

Habitants du village de Mchermou.

« Elles ne dirent rien à personne car elles avaient peur... » Impossible pour nous de ne pas aller jusqu'au bout de cette Parole d'évangile, au nom de la réalité qui est la nôtre, et depuis de longs mois. Tout notre environnement participe à ce climat concret de mutisme et de peur qui empoisonne le pays et le paralyse. Et en nous-mêmes, que de complicités nouvelles avec ces réactions, au fil des événements, des informations et des rencontres. Nous n'en sommes pas très fiers. Personne d'entre nous, je crois, n'y a échappé... hormis peut-être notre frère Luc. Un ami traduit ainsi la consigne qu'il se donne : « Se taire et se terrer. »

Frère Christian, le 3 avril 1994

Paysage du Moyen-Atlas.

Le 31 janvier 1995, j'aurai 81 ans. Depuis 49 ans, je contemple le paysage de montagnes qui entourent le monastère. Pour combien de temps encore, le verrai-je ?... La violence s'amplifie et le ramadan est là. Je vis toujours au milieu des pauvres, des malades, des écrasés de la vie. Comme le chantait Édith Piaf « Je ne regrette rien ».

Frère Luc, le 15 janvier 1995

Scène coupée du film.
Les frères, avec l'évêque,
devant la salle du chapitre.

PARTIR, RESTER ?

Je ne suis pas du tout prêt à envisager notre présence comme cela, ni notre sécurité. Les événements nous dépassent, si nous sommes là, c'est que nous avons la foi, comme frère Henri (Vergès) qui savait très bien qu'il était en danger et qui a vécu une fidélité humble à ce que Dieu lui demandait. Comme lui, nous sommes une présence, non aux chrétiens, mais aux gens, au contact avec les gens. Si nous sommes expulsés de force d'ici, à ce moment-là, il faudra trouver une solution, mais il est peu probable que notre place puisse être en Algérie. Si le Seigneur ne nous avait pas voulus ici, il y a longtemps que nous serions partis. La Vierge et Notre-Dame de l'Atlas nous ont protégés, pourquoi changer de parapluie quand il y en a un qui va bien ?
Frère Jean-Pierre

Réunion du chapitre.
Photo de l'affiche du film.

On ne peut rester à tout prix ; il ne saurait être question d'un suicide collectif, la préférence va alors vers le vœu de rester ensemble autant que possible.
Frère Christian, décembre 1993

L'histoire va, je crois, où tu sais
Et j'espère proche le dénouement
Par le Don tout-puissant.
Ce qui doit arriver bientôt me déchire.
Et me traverse ce qui t'arrive ici où
Tes bras ouverts
Nous fixent.
Tu nous pries d'être là
(moines) jusqu'au bout de l'histoire.
Rien ne va de soi. Tout n'est qu'accomplissement.
Et reconnaissance.
Frère Christophe, le 3 décembre 1993

Ici la situation est devenue inquiétante, peut-être sera-t-elle pour l'avenir dangereuse… La mort… ce serait un témoignage rendu à l'absolu de Dieu. Je suis comme un vieux manteau, usé, troué, rapiécé mais là dedans mon âme chante encore.
Frère Luc, le 17 novembre 1993

Frère Luc (Michael Lonsdale).

Vous avez dû suivre les événements d'Algérie et l'arrivée du FIS dans les mairies.
Quel sera l'avenir ? Nous ne sommes pas entre les mains des hommes mais entre les mains de Dieu, et Dieu est un Père. Il nous prépare toujours les meilleures choses. Peut-être aux yeux des hommes ces événements sont peu heureux. Mais notre vie ne s'étale pas seulement sur le plan terrestre mais hors du temps dans l'éternité.
Frère Luc, le 15 juillet 1990

Avant que le Seigneur ne me rappelle à Lui, je demande que la Paix s'installe dans ce pays, que j'ai bien aimé et où j'ai passé plus de quarante-sept ans de ma vie. À notre âge, nous nous retournons vers le passé, et nous comprenons le sens de notre pèlerinage sur cette terre. Dans les souffrances du corps et la douleur de l'âme et les échecs, Dieu nous a conduits par la main. Le pèlerinage continue. Devant nous le Christ portant sa croix nous montre le chemin et au terminus brille la lumière pascale de la Résurrection.
Frère Luc, le 10 octobre 1993

Frère Christophe (Olivier Rabourdin).

« Si vous partez, vous nous privez de votre espoir et vous nous enlevez notre espoir » (Moussa à Christian).
Frère Christophe, le 4 janvier 1994

L'autorité de Jésus au milieu de nous n'est rien de violent, rien d'arrogant. Elle ne fait pas concurrence avec les forces en lutte. Elle ne vise pas le pouvoir mais ne saurait pactiser avec le mensonge homicide, avec l'argent idolâtre.
Le regard des pauvres en appelle à ton autorité en nous. Christian disait à M., fils d'Ali : « Tu sais, on est un peu comme l'oiseau sur la branche. » Et lui de répondre : « Tu vois, la branche c'est vous. Nous on est l'oiseau. Et si on coupe la branche... »
Il y a une autorité d'Évangile ici reconnue comme faisant mieux que la Loi : si vous partiez : Tibhirine, c'est fini, on se disputera...
Il nous faut bien puiser à la source de ton autorité : l'amour dont tu es aimé.
Frère Christophe, le 11 janvier 1994

Où est la fidélité ? Qui obéit ? Celui qui dit et affirme péremptoire et sûr de lui : je ne partirai pas d'ici.
Ou l'autre qui a dit : je vais partir et qui est toujours là... persévérant en ta doctrine (Évangile ici aujourd'hui) dans le monastère jusqu'à la mort (qui s'est faite proche et reste menaçante).
Frère Christophe, le 15 janvier 1994

On se préoccupe de notre sécurité : à la Walaya. Christian y rencontre des personnes et leur dit que c'est ici que nous sommes le « plus » en sécurité. Quitter Tibhirine voudrait dire s'éloigner de l'Algérie.
Frère Christophe, le 11 mai 1994

Frère Michel (Xavier Maly).

Une religieuse et un religieux ont été assassinés. Pas de trêve pour la violence. Nous sommes comme l'oiseau sur la branche, prêts à nous envoler vers d'autres cieux ! Des cieux nouveaux et une terre nouvelle. Partout où nous allons, partout où nous sommes, Dieu nous accompagne. Dieu n'est pas contre nous mais avec nous. Quand nous débarquerons de cette planète, encore tout plongés dans nos préoccupations terrestres, nous n'aurons pas peur, car en franchissant le seuil angoissant de la mort, nous trouverons le Christ qui nous introduira dans la maison du Père.

Frère Luc, le 25 mai 1994

À l'âge de 81 ans, la mort est une compagne mais il ne faut pas redouter le passage sur l'autre rive, Dieu nous y attend pour nous juger avec « la magnifique injustice de l'Amour ». Il fait froid, je regarde tomber la neige sur ce paysage que j'ai contemplé depuis 48 ans.

Au soir de ma vie, je ne regrette rien. Une seule tristesse « n'être pas un saint » comme le dit Léon Bloy dans la dernière page de son livre « La Femme pauvre ».

Quand liras-tu cette lettre ? Les relations avec la France sont coupées, avions, bateaux sont suspendus. Ici c'est toujours la violence, les gens de Médéa ne viennent plus, bien que la distance ne soit que de 8km. Ils ont peur. Seuls persistent les pauvres et les malades.

Frère Luc, le 15 janvier 1995

Frère Amédée (Jacques Herlin)

Le monastère est un îlot battu par la tempête. Mais nous persévérons.
Frère Luc, le 15 février 1995

Je ne songe ni à partir ni à m'évader. Je creuse plutôt la place étroite qui m'a été donnée. On y trouve Dieu et tout. L'amour creuse.
Je suis usé, mais chaque jour je recommence .
Frère Luc, le 27 juin 1995

Frère Célestin (Philippe Laudenbach).

Frère Luc : Il ne faut pas partir tout de suite.

Frère Jean-Pierre : Je ne suis pas en paix avec la perspective de partir. Je préfère continuer de penser que la mission ici n'est pas terminée. Il ne serait pas sain de dire « Filons ! » car on ne cherche pas notre intérêt.

Frère Christophe : Ce qui tient : la vie monastique, j'aspire à la vivre paisiblement [...] J'accepte l'idée d'éviter de partir à condition d'une vie communautaire plus paisible.

Frère Amédée : Je ne me vois pas partir demain ; un départ global aurait de grosses conséquences pour l'Église, pour le voisinage. Ce serait vraiment un gros choc ; avec le risque qu'ensuite il n'y ait pas de retour possible.

Frère Célestin : Ce serait une impasse de partir tous. Je ne suis pas prêt à partir moi-même. Je voyais cela comme impossible pour l'Église, pour le voisinage.

Frère Michel : J'ai prié toute la matinée en faisant la cuisine. « Allons ! Mourons avec lui ! »... le disciple n'est pas plus haut que son maître [...] Ce n'est pas le moment pour moi de m'éloigner.

Frère Paul : Ou bien on part, ou bien on fait face sans payer.

Frère Christian, notes de ses rencontres individuelles avec les moines, le 27 décembre 1995

Frère Paul (Jean-Marie Frin).

À Tibhirine, nous sommes dans la mêlée. Nous ne sommes pas seuls dans notre montagne. Ashab eljbel signifie ceux qui ont choisi la violence armée. Notre grâce de communauté a été d'être confrontés avec ce grand malheur qui frappe le pays dans le contexte liturgique de l'avent et de Noël. Cela a commencé le 14 décembre 1993 par l'assassinat à quatre kilomètres de chez nous, sous nos fenêtres, de douze Croates, à Tamesguida, et par la visite au monastère de ceux qui ont fait cet assassinat, dans la nuit de Noël 1993. Nous avons été obligés à ce moment-là de faire ce raccourci, de rester dans la grâce de Noël, en acceptant que cette grâce pourrait être de nous inviter à vivre le mystère pascal. Ils sont partis...

Mais, après leur départ, ce qu'il nous restait à faire, c'était à vivre.

...

…

Frère Jean-Pierre (Loïc Pichon).

Dans ce moment où nous avons été tellement bousculés dans notre communauté, j'ai consulté au téléphone notre abbé général. Il m'a dit sous forme de boutade : « L'ordre n'a pas besoin de martyrs mais de moines… » Est-ce que ça voulait dire : ne vous mettez pas en situation de danger ? Si l'ordre a besoin de moines, la vraie question n'était-elle pas plutôt : Est-ce que l'ordre a besoin que nous soyons moines dans cette réalité qui est la nôtre ? Est-ce que l'Église a besoin de moines dans chaque réalité où elle se trouve ? Et même : est-ce que le pays a besoin de moines ? est-ce que le pays a besoin de nous ? Eh bien là, nous avons répondu : oui.

Nous avons eu une autre fois un autre groupe, c'était aussi dans la nuit. Ils demandaient à téléphoner. Il a fallu beaucoup limiter, discuter. Quand il y a des armes, ce n'est pas facile… Finalement, ils ont pu se servir de notre téléphone portatif, mais en-dehors de la maison, et nous avons été présents tout le temps où ils ont téléphoné. Nous, c'est-à-dire X et moi… Pendant tout le temps qu'ils essayaient d'établir la liaison, difficilement à cause de l'orage, on s'est dit beaucoup de choses. X… qui était un peu tendu et qui fume beaucoup, a demandé la permission de fumer. Alors le grand chef a dit que c'était haram, interdit. Il a commencé à développer : le Prophète l'avait interdit, etc. Alors, au bout du compte, je lui ai dit : « Écoutez, si vous me montrez un seul texte du Hadith ou du Coran qui interdise la cigarette, je vous croirai, mais je peux vous certifier que ça n'est pas écrit. Simplement, vous faites parler le Bon Dieu – et nous sommes nombreux à faire parler le Bon Dieu – et là ça n'est pas écrit… Silence. Trois minutes après, X… tranquillement craque son allumette, allume sa cigarette et dit : « Ce qui est haram, c'est de tuer l'autre. »

…

Frère Christian (Lambert Wilson).

…

Après la visite de Noël, il m'a fallu quinze jours, trois semaines, pour revenir de ma propre mort. On accepte très vite la mort, ne vous inquiétez pas, mais pour reprendre pied ensuite, on met du temps. Après, je me suis dit : ces gens-là, ce type-là avec qui j'ai eu ce dialogue tellement tendu, quelle prière je peux faire pour lui ? Je ne peux demander au Bon Dieu : tue-le. Mais je peux demander : désarme-le. Après, je me suis dit : ai-je le droit de demander : désarme-le, si je ne commence pas par demander : désarme-moi et désarme-nous en communauté. C'est ma prière quotidienne, je vous la confie tout simplement.

Frère Christian, le 8 mars 1996

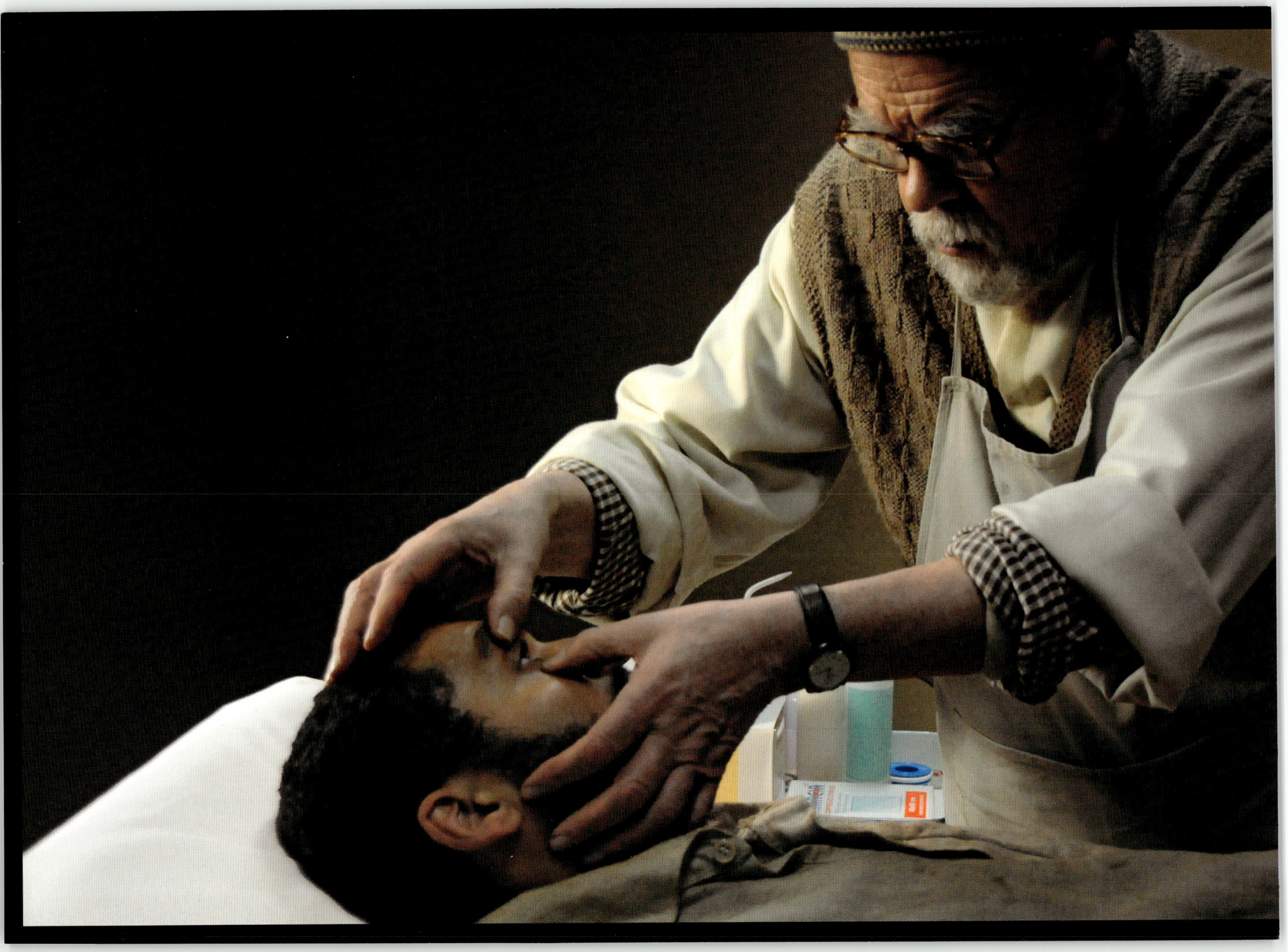

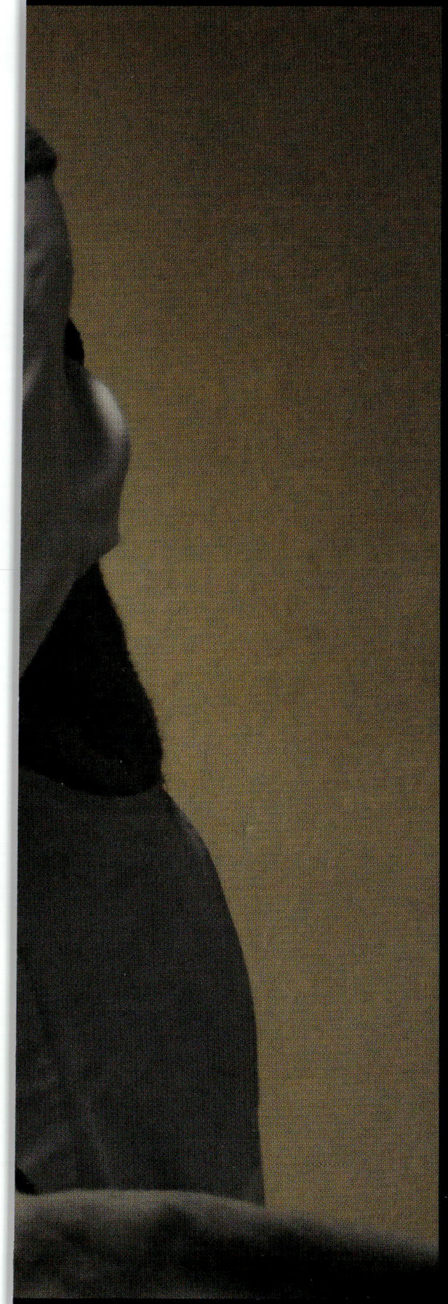

Frère Luc (Michael Lonsdale) soigne un terroriste (Adel Bencherif).

VIVRE

Toute ma vie médicale a été imprégnée par les soins de toute sorte de gens – y compris les nazis… même le diable ! – Aller dans le maquis ? Je leur dirai mes limites physiques. Les soigner ici ? Je le ferai pour eux.

Frère Luc

Nous sommes dans le temps de l'Avent, et nous attendons le Seigneur. Malheureux sont ceux qui n'attendent personne. À notre âge, l'Avent devient réel, car la rencontre avec Dieu ne peut tarder.

Les temps sont durs et peu réjouissants. Mais il ne faut pas être le roseau agité par tous les vents. Pour transformer ce monde, il faut transformer les cœurs. Les idéologies sont impuissantes. Tous les jours, j'aspire à être chrétien.

À Tibhirine, c'est la période d'hiver avec pluie, brouillard, et humidité. Je me livre toujours aux travaux de la cuisine et je soigne toujours aussi les malades qui nombreux viennent me trouver. Je m'occupe aussi de ceux qui viennent me trouver pour des vêtements et d'autres nécessités matérielles.

Frère Luc, le 12 décembre 1983

Scène coupée : après la visite de l'évêque. L'inquiétude monte. Les frères devant le monastère.

Je suis encore vivant. Malgré ma respiration pénible, je travaille toujours autant et à la cuisine et au dispensaire. Les malades sont très nombreux. Les récents examens médicaux actuels n'amènent parfois pas de solutions et je retrouve ces malades avec leurs problèmes malgré tous les examens négatifs. L'homme est parfois très complexe et échappe à tous ces examens, aussi sophistiqués soient-ils. Le spirituel ne se pèse pas, ne se vérifie pas...
L'été a été très pénible, la rareté de l'eau m'amène des épidémies : choléra. Je suis à Tibhirine, maintenant, il y a 40 ans. Que Dieu prenne en miséricorde ma vie passée ! Que pour le jour qui vient il me donne l'Amour et pour l'Avenir l'Espérance !
Frère Luc, le 6 septembre 1986

Frère Luc à la Prière universelle : Seigneur, fais-nous la grâce de mourir sans haine au cœur.
Frère Christophe, le 31 décembre 1993

Frère Amédée (Jacques Herlin) sous les coursives du cloître.

Michel hier matin. Passant la serpillière, il s'arrête et lève vers moi son regard si clair pour lâcher sans guère ouvrir la bouche : « C'est plus comme avant. Depuis qu'ils sont venus, je suis sans force. »
J'ai pensé à ce que j'avais écrit : cette soif de bonheur. Oh si je pouvais accéder à cette immense réserve de bonheur, à cette joie disponible : qui consiste à donner, à aimer Michel, et Paul revenu hier et Célestin, au loin, éprouvé, et chacun : aimés de Toi, d'amour crucifié. Résolution.
Frère Christophe, le 28 janvier 1994

Rencontre avec Christian ce matin.
Il évoque, au moment de se quitter, la mort.
Et nous en parlons un peu.
Est-ce pensée morbide ? C'est en moi ; ça ne me trouble pas : que de Christian ou de moi l'un va mourir.
Frère Christophe, le 10 juillet 1994

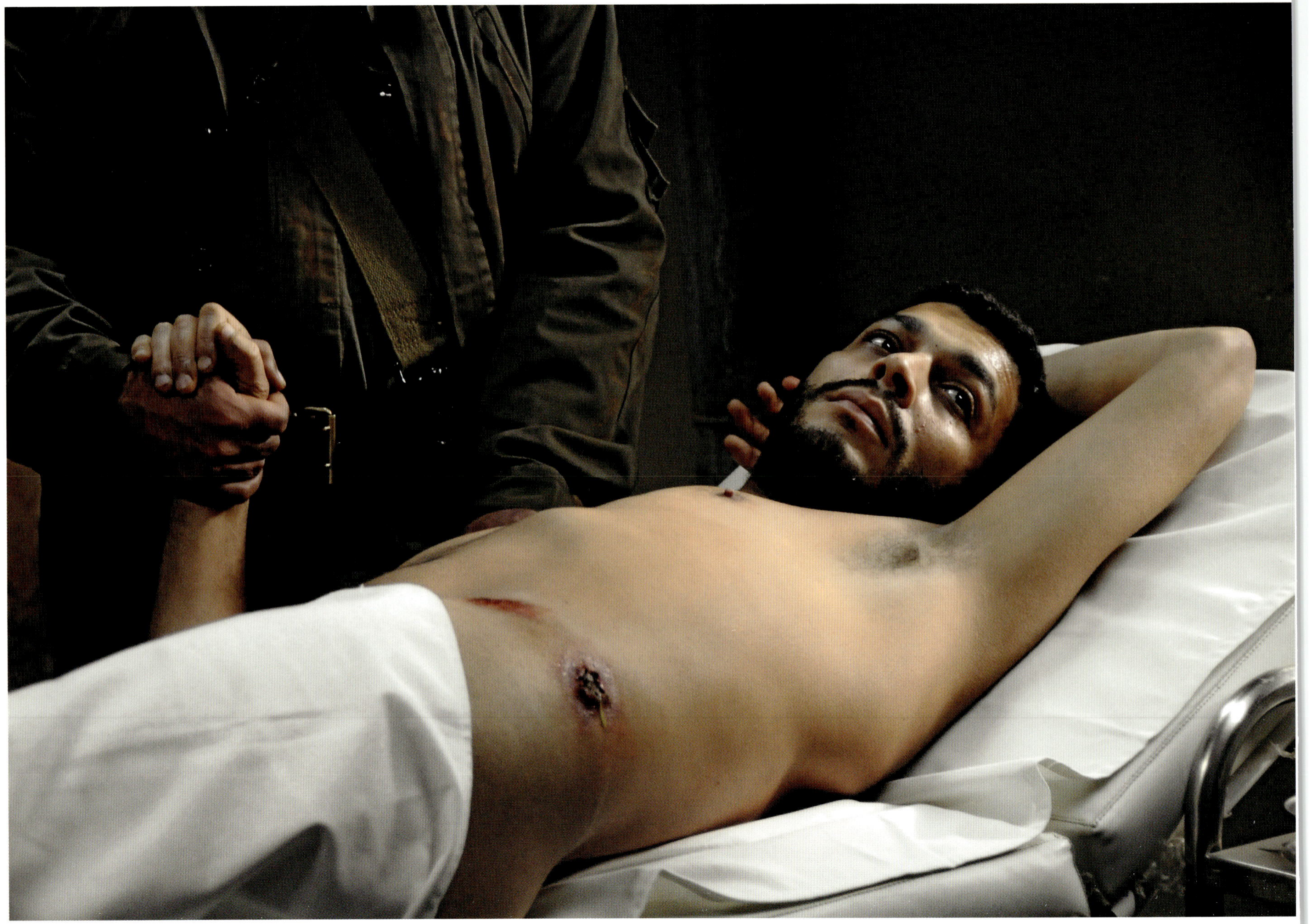

Le terroriste blessé (Adel Bencherif), avec un de ses compagnons, au dispensaire.

En attendant, j'accomplis ma tâche, recevoir les pauvres et les malades en attendant le jour et l'heure de fermer les yeux pour entrer dans la maison de Dieu dont la porte s'ouvre toujours pour qui y frappe, sans crainte d'être importun. Il ne s'agit pas de mourir, mais de ne point mourir en triomphant tous les jours de la mort, laissant respirer en nous la présence divine.
Frère Luc, le 25 novembre 1994

Ils sont 3, puis un autre – blessé – porté sur un ânon. Frère Luc les reçoit comme Toi. Tout l'entourage est témoin. Le soir, c'est le tour des militaires.
Frère Christophe, le 12 septembre 1994

La « journée de désert » de Frère Christian (Lambert Wilson) : un temps de marche et de réflexion.

LE TESTAMENT

S'il m'arrivait un jour – et ça pourrait être aujourd'hui – d'être victime du terrorisme qui semble vouloir englober maintenant tous les étrangers vivant en Algérie, j'aimerais que ma communauté, mon Église, ma famille se souviennent que ma vie était DONNÉE à Dieu et à ce pays.
Qu'ils acceptent que le Maître unique de toute vie ne saurait être étranger à ce départ brutal.
Qu'ils prient pour moi :
comment serais-je trouvé digne d'une telle offrande ?
Qu'ils sachent associer cette mort à tant d'autres aussi violentes, laissées dans l'indifférence de l'anonymat.

...

Chapelle du monastère de Tioumliline, désaffecté depuis les années soixante, où le film a été tourné.

...

Je ne saurais souhaiter une telle mort. Il me paraît important de le professer. Je ne vois pas, en effet, comment je pourrais me réjouir que ce peuple que j'aime soit indistinctement accusé de mon meurtre.
C'est trop cher payer ce qu'on appellera, peut-être, la « grâce du martyre » que de la devoir à un Algérien, quel qu'il soit, surtout s'il dit agir en fidélité à ce qu'il croit être l'islam.
Je sais le mépris dont on a pu entourer les Algériens pris globalement.
Je sais aussi les caricatures de l'islam qu'encourage un certain islamisme.
Il est trop facile de se donner bonne conscience en identifiant cette voie religieuse avec les intégrismes de ses extrémistes.
L'Algérie et l'islam, pour moi, c'est autre chose, c'est un corps et une âme.

...

Le cloître, entièrement reconstitué pour les besoins du film.

…

Je l'ai assez proclamé, je crois, au vu et au su de ce que j'en ai reçu, y retrouvant si souvent ce droit fil conducteur de l'Évangile appris aux genoux de ma mère, ma toute première Église, précisément en Algérie et, déjà, dans le respect des croyants musulmans.
Ma mort, évidemment, paraîtra donner raison à ceux qui m'ont rapidement traité de naïf, ou d'idéaliste :
« Qu'il dise maintenant ce qu'il en pense ! » Mais ceux-là doivent savoir que sera enfin libérée ma plus lancinante curiosité.
Voici que je pourrai, s'il plaît à Dieu, plonger mon regard dans celui du Père pour contempler avec Lui ses enfants de l'islam tels qu'Il les voit, tout illuminés de la gloire du Christ, fruits de Sa Passion, investis par le don de l'Esprit dont la joie secrète sera toujours d'établir la communion et de rétablir la ressemblance, en jouant avec les différences.
…

Un terroriste et frère Christophe (Olivier Rabourdin).

...

Cette vie perdue, totalement mienne, et totalement leur,
je rends grâce à Dieu qui semble l'avoir voulue tout entière pour cette JOIE-là, envers et malgré tout.
Dans ce MERCI où tout est dit, désormais, de ma vie, je vous inclus bien sûr, amis d'hier et d'aujourd'hui, et vous, ô amis d'ici, aux côtés de ma mère et de mon père, de mes sœurs et de mes frères et des leurs, centuple accordé comme il était promis !

Et toi aussi, l'ami de la dernière minute, qui n'auras pas su ce que tu faisais.
Oui, pour toi aussi je le veux ce MERCI, et cet « À-DIEU » en-visagé de toi.
Et qu'il nous soit donné de nous retrouver, larrons heureux, en paradis, s'il plaît à Dieu, notre Père à tous deux.
Amen ! Inch' Allah.

Frère Christian,
1er décembre 1993, 1er janvier 1994

Frère Michel (Xavier Maly), avant le tournage de la marche dans la neige .

Si vite pris dans cette alternative illusoire des violences opposées.
Disciples : la vérité fera de nous – de moi –, s'il te plaît, Jésus – des hommes libres ici.
Ma vie, nul ne la prend – dans son camp sous la menace... – je la dépose, m'en dessaisis.
Il nous reste une liberté d'otages : pas celle de s'échapper, mais la liberté de qui va plus loin, brisant l'enfermement des violences. Dans la maison du Père, nombreuses sont les demeures.
Frère Christophe, le 23 mars 1994

Juste avant le tournage de la dernière scène.

Je les aime assez, tous les Algériens, pour ne pas vouloir qu'un seul d'entre eux soit le Caïn de son frère. Mais d'avance, je confie celui qui, dans sa liberté mal éclairée, deviendrait meurtrier à la miséricorde du Père. Et si c'est à moi qu'il s'en prend, je voudrais pouvoir dire qu'il ne savait pas ce qu'il faisait, lui donner toutes les circonstances atténuantes.
Frère Christian, le 8 mars 1996

J'ai donc 82 ans. Un homme âgé n'est qu'une chose misérable, à moins que son âme chante.
Frère Luc, le 15 mars 1996

Tournage de la dernière scène du film.

Priez pour moi afin que le Seigneur me garde dans la joie.
À nouveau notre région est plongée dans les horreurs de la violence. Dieu ne veut pas le malheur. Il se trouve avec les victimes. Dieu avec nous.
Je peux poursuivre mon activité. J'ignore quand et comment tout cela finira. Priez pour moi.
Frère Luc, le 15 mars 1996

LES MOINES DE TIBHIRINE

Frère Christian
Formé au séminaire des Carmes à Paris, Dom Christian-Marie est entré au monastère d'Aiguebelle et a gagné Notre-Dame de l'Atlas après une formation complémentaire chez les Pères Blancs à Rome. Il avait l'habitude de se rendre au Maroc pour y retrouver la communauté fille de Notre-Dame de l'Atlas, à Fès, formée de quatre frères, qu'il avait fondée à la demande de Mgr Michon, évêque de Rabat. « Christian m'étonnait toujours par son calme et son esprit de foi », disait le père abbé de la Trappe de Soligny. Âgé de 59 ans, mystique, il était très impliqué dans le dialogue interreligieux, tant au niveau spirituel que dans la rencontre avec les musulmans. Il étudiait le Coran. Cela faisait plus de trente ans qu'il était retourné en Algérie, après y avoir souffert durant son service militaire. Choisir ce pays était pour lui une démarche de réconciliation, une nouvelle manière d'être avec les Algériens. Il avait réussi à convaincre l'ordre trappiste, dans ces situations d'exception, de la nécessité d'un mode de vie ouvert. C'est au nom de cette symbiose avec la population que le Groupe islamique armé (GIA) qualifiait de « licite », au nom du Coran, le meurtre de religieux qui sortent de leur vie d'ermite.

Frère Luc
Âgé de 82 ans, venu du monastère d'Aiguebelle (Drôme), il était présent en Algérie depuis plus de cinquante ans. Il y avait connu la guerre, avait été enlevé par les maquisards – on avait besoin de ses soins –, puis libéré. Durant ces années difficiles, il regardait chaque soir le coucher de soleil, et quand il avait la tentation de quitter le pays, il disait : « Attendons le coucher de soleil de demain pour partir. » Très connu dans la région, soignant tous ceux qui le lui demandaient, plein d'humour, il était très aimé. Fatigué, asthmatique, cardiaque, il allait chaque jour au dispensaire, appuyé sur son bâton, se faisant héler au passage : « Toubib ! Toubib ! ».

Frère Célestin
Moine depuis 1983, âgé de 62 ans, il était en Algérie depuis 1987. Auparavant, éducateur de rue auprès des malades alcooliques, des prostituées et des homosexuels, il s'était retrouvé de nombreuses fois dans des situations très périlleuses.
Durant la guerre d'Algérie, il avait sauvé la vie d'un maquisard blessé. Des années plus tard, il rencontra, à sa demande, le fils de cet homme. Engagé en faveur de toutes les causes difficiles, il avait gardé son tempérament. Le P. Étienne, ancien abbé de Bellefontaine, s'étonnait qu'il ait su durer dans la vie monastique, tout en reconnaissant qu'« il y avait atteint une sorte d'apaisement et de plénitude ».

Frère Michel
Âgé de 52 ans, il était moine depuis 1981, présent en Algérie depuis 1985. C'était « l'homme simple » de la communauté, peu bavard, profond, discret. Ouvrier, il travaillait au jardin, à la cuisine. Un homme dévoué, né dans une famille de paysans modestes de Loire-Atlantique, il avait été d'abord fraiseur à Marseille avant d'entrer au Prado, où il avait fait ses premiers pas de religieux. Moine à Bellefontaine, il avait ressenti l'appel de l'Algérie, en même temps que Célestin Ringeard et Bruno Lemarchand, en mars 1984, curieusement sans aucune concertation avec eux. Les trois frères avaient simplement entendu les « causeries » de deux prêtres de passage à l'abbaye.

Frère Christophe

Moine depuis 1974, présent en Algérie depuis 1987, il avait 45 ans. Maître des novices de Tibhirine, il n'eut à s'occuper que d'un seul frère, qui ne persévéra pas dans la voie monastique. Il avait effectué son service national au titre de la coopération en Algérie. Il comptait des proches à l'abbaye de Tamié, en Savoie où il avait passé vingt ans. Christophe était tombé amoureux de la terre algérienne « tendre et violente ». Il avait été ordonné prêtre à Notre-Dame de l'Atlas.

La pauvreté qui entourait le monastère n'était pas pour rien dans son choix de vivre là-bas.

Frère Paul

Moine depuis 1984, 57 ans, présent en Algérie depuis 1989. Il était le plus jeune en profession religieuse. Lui aussi venait de Tamié, en Savoie. Fils de forgeron, « très posé, très présent, très modeste », il avait de l'or dans les mains. « Je l'ai vu démonter un portail en tube pour y faire passer de l'eau », raconte un de ses amis. Il lui revint, tout naturellement, d'assurer l'irrigation du jardin coopératif que les moines de Tibhirine partageaient avec la population locale. La violence de la guerre d'Algérie l'avait marqué. Une violence qui l'a rattrapé.

Frère Amédée

Né le 17 octobre 1920, à Alger, il est entré dans la congrégation des Pères blancs, où il exprima un grand désir de travailler avec les musulmans. Pour réaliser sa vocation de prière et de simple travail, il devint moine trappiste. Il est entré au monastère de Tibhirine en 1946 et donna des cours aux enfants du village. Il fut ordonné prêtre en 1952. Il resta, jusqu'à son départ, très proche des gens du village. Il échappa à l'enlèvement car il dormait cette nuit-là dans un lieu un peu à l'écart. Il a vécu ensuite au Maroc, au sein de la communauté trappiste de Midelt, ancienne annexe de Tibhirine. Il est mort le 27 juillet 2008.

Frère Jean-Pierre

Dernier rescapé du rapt à Tibhirine, il est désormais moine à Notre-Dame-de-l'Atlas, au Maroc. Lorrain, né au Luxembourg en 1924 dans une famille ouvrière, il est entré dans la communauté mariste, dont il a suivi toute la filière. Pendant la Seconde Guerre mondiale, il fut enrôlé comme « malgré nous » dans l'armée allemande. Il a été ordonné prêtre en 1953, et est entré à Notre-Dame de Timadeuc, en Bretagne, en 1957. Sept ans plus tard, en 1964, lui et trois autres moines de Timadeuc répondaient à un appel de l'évêque d'Alger demandant des moines supplémentaires. Le 18 septembre 1997, il devint le successeur immédiat de Christian de Chergé.

Frère Bruno

Âgé de 66 ans, il était moine depuis 1981, d'abord en Algérie, puis, depuis 1990, au Maroc, à Fès, où il fut nommé supérieur par le prieur de Tibhirine. Il était le troisième moine originaire de l'abbaye de Bellefontaine (Maine-et-Loire), où il découvrit la vie monastique à l'école de saint Bernard.

C'est le hasard d'un voyage à Tibhirine qui en a fait un otage.

En France, avant d'être moine, il avait été prêtre séculier et avait enseigné le français, puis était devenu supérieur du collège Saint-Charles de Thouars entre 1965 et 1980. Attaché à la présence chrétienne en terre d'islam, il avait confié : « Ma prière ici est devenue gratuite pour rejoindre celle de mes frères et sœurs musulmans. Mon seul but est de mettre la prière de Jésus en cette terre dans l'esprit du P. de Foucauld. »

HISTOIRE DU MONASTÈRE

Fondée en 1938, la Trappe de Notre-Dame de l'Atlas avait déjà survécu à la guerre d'indépendance. Les moines avaient choisi de rester par solidarité avec le peuple d'Algérie.

Ce 1er octobre 1976, le Frère Christian de Chergé fait sa profession solennelle à la Trappe de Tibhirine où, à 39 ans, il s'engage à demeurer le reste de sa vie. En ce vendredi, les prières des moines se mêlent par-delà les murs du monastère à celles de leurs « frères musulmans ». La communauté des moines de l'Atlas et l'Église d'Algérie ont conscience de l'importance d'un tel événement, qui ne s'était pas produit depuis 1952. Un quart de siècle durant lequel la guerre d'indépendance faillit emporter le monastère.

Notre-Dame de Tibhirine a été fondée le 7 mars 1938, par 12 cisterciens venus de Rahjenburg, en Yougoslavie (dans l'actuelle Slovénie), et d'Aiguebelle, dans la Drôme. Le monastère Notre-Dame de l'Atlas est un domaine de 375 hectares sur les hauteurs de Médéa, où les moines vivent de la prière et de leur travail agricole. Tous deux arrivés en 1946, Frère Amédée donne des cours aux enfants du voisinage, tandis que Frère Luc, médecin, dispense des soins. Mais cet équilibre va être bouleversé par la guerre. En 1959, l'imam de Médéa est emprisonné par l'armée française. Les maquisards enlèvent Frère Luc et un frère italien pour servir de monnaie d'échange. Après sept jours de marche, ils sont libérés, parce que des fellaghas ont plaidé la cause du moine qui les avait soignés dans le passé. L'indépendance du pays acquise, la question de la survie de Tibhirine se pose. L'Église catholique locale s'est vidée de ses fidèles et les moines vont voter la fermeture « progressive » du monastère. Mais Mgr Léon Étienne Duval, archevêque d'Alger, appelle l'ordre cistercien à se mobiliser pour Tibhirine. Grâce aux monastères de Timadeuc (Morbihan) et d'Aiguebelle, 8 nouveaux frères arrivent en 1964.

La vie de Notre-Dame de l'Atlas reprend, même si la présence des moines se fait plus discrète. La superficie du domaine est passée à une douzaine d'hectares, la communauté s'est engagée auprès des autorités à un strict devoir de réserve et à ne pas dépasser 12 moines. Frère Luc soigne au dispensaire, mais les moines limitent leurs activités sociales, privilégient une convivialité plus spirituelle. « Nous en sommes arrivés à nous définir comme "priants au milieu d'autres priants". Venant de notre cloche ou du muezzin, les appels à la prière établissent entre nous une "saine émulation réciproque". » Dans ce texte écrit pour le Synode romain sur la vie consacrée de 1994, la communauté conclut : « On aurait plutôt le sentiment d'être "mieux compris" que ne le sont certains monastères dans leur environnement de vieille chrétienté. Et puis, il serait vain de chercher à être "compris"... » Le dialogue interreligieux est toutefois devenu plus formel avec les rencontres du Ribât-el-Salam (« le lien de la paix ») qui rassemblent depuis 1979 des chrétiens et des membres de la confrérie Soufi.

Puis, le coup d'État militaire de 1992 et la dissolution du Front islamique du salut (FIS) enclenchent un engrenage de violences. Le 14 décembre 1993, des ouvriers yougoslaves chrétiens sont égorgés sur un chantier situé près du monastère où ils se rendaient pour les fêtes. Bouleversés, les cisterciens témoignent de ce drame peu relaté par les médias dans un texte adressé à *La Croix* : « Si nous nous taisons, les pierres de l'Oued hurleront... » Durant la nuit de Noël, la communauté reçoit à son tour la visite du commando mené par l'émir Sayyat Attiya, venu lever l'impôt révolutionnaire et emmener Frère Luc. Le prieur, Frère Christian, refuse, mais lui dit que le médecin continuera de soigner ceux qui se présenteront au monastère. Son sang-froid déstabilise l'émir qui repart dans la montagne.

Scène de la panne sur la route. Discussion avec les femmes du village.

En ces années de feu, les assassinats de religieux se multiplient, tandis que les islamistes intiment aux Français de quitter l'Algérie. Soutenus par l'archevêque d'Alger, Mgr Henri Teissier, les moines de Tibhirine vont, par un vote, choisir de rester. Lors d'un rendez-vous avec le wali (préfet) de Médéa, le prieur refuse la présence de militaires aux abords du monastère, mais les moines s'engagent à limiter les relations avec le monde extérieur et à fermer leur porte à 17 h 30. Tandis que les affrontements se renforcent dans la région où les islamistes se cachent, les moines tentent de respecter une neutralité entre ceux qu'ils nomment, dans un souci d'apaisement, les « frères de la montagne » (les islamistes) et « les frères de la plaine » (les militaires). Ils savent que leur vie ne tient qu'à un fil.

Régulièrement, les groupes armés frappent à la porte du monastère pour obtenir des soins. Puis tout bascule dans la nuit du 26 au 27 mars 1996. En cette semaine qui précède le dimanche des Rameaux, le monastère accueille plusieurs hôtes. Frère Bruno, prieur de la communauté de Fès, annexe de Notre-Dame de l'Atlas créée en 1990 au Maroc, est venu pour l'élection d'un nouveau prieur. Quelques membres de la communauté chrétienne d'Algérie participent à une réunion du Ribât-el-Salam. Le mercredi 27, à 1 h 15, une vingtaine d'hommes réveillent le jardinier, Mohammed, et le contraignent à ouvrir sa porte, tandis que d'autres escaladent le mur. Ils se font conduire au cloître, d'où ils repartent avec sept moines, dont Frère Bruno. Deux membres de la communauté, Jean-Pierre et Amédée, échappent à l'enlèvement, parce qu'ils dorment dans un autre bâtiment avec les visiteurs. Réveillés par les bruits, ils ne peuvent donner l'alerte, car les fils téléphoniques sont coupés. C'est à l'aube que les deux hommes descendent en 4L à Médéa prévenir les autorités.

Après cinquante-huit jours d'espérance et d'angoisse, le 21 mai, le Groupe islamique armé (GIA) annonce par un communiqué adressé à une radio marocaine : « Nous avons tranché la gorge de sept moines. » Dans le monde entier, la nouvelle sème l'effroi. À Notre-Dame de Paris, le cardinal Jean-Marie Lustiger éteint les sept cierges qui brûlaient en signe d'espoir. Le 28 mai, un rassemblement sur le Parvis des droits de l'homme du Trocadéro rassemble 10 000 personnes en hommage à ces hommes de paix dont la force du témoignage rassemble par-delà toutes les obédiences. Leur présence était la réponse à un appel de Dieu à vivre sur cette terre où ils voulaient manifester leur solidarité avec un peuple démuni. « Martyre, c'est un mot tellement ambigu ici, écrit le Frère Michel à un cousin en 1994. S'il nous arrive quelque chose – je ne le souhaite pas – nous voulons le vivre ici, (...) seulement solidaires de tous les inconnus, innocents... »

Depuis le 4 juin 1996, les sept moines reposent au jardin de Tibhirine, dans le silence qui habite les lieux. En 2000, six moines cisterciens venus à Alger de plusieurs trappes du monde entier attendirent de pouvoir s'installer à Notre-Dame de l'Atlas. Mais l'absence de perspective d'un retour de la paix les en a dissuadés. L'histoire a fait de Tibhirine un sanctuaire, un symbole si fort dans le monde entier que la vie monastique, avec ce qu'elle suppose de discrétion et d'humilité, y est demeurée incertaine.

Habitants du village de Aïn-leuh, à 15 km de Tioumliline.

LEUR EXISTENCE EST UN APPEL

Les moines de Notre-Dame de l'Atlas avaient fait alliance avec l'Algérie. Ils avaient estimé que leur vœu de stabilité les obligeait à demeurer dans la proximité d'un peuple souffrant et priant. Ils avaient choisi l'enfouissement de l'amour quotidien, de la prière vigilante et du don total de soi. Leur sang versé scelle une alliance que rien désormais ne pourra briser. Personne n'est en mesure d'effacer cette trace de pur amour qui s'est vécue sur les contreforts de l'Atlas. Et si nous faisons attention, c'est tout le paysage de notre monde qui s'en trouve transformé.

Car cette poignée de moines trappistes a affronté toutes les grandes questions qui vont être celles de notre XXIe siècle annoncé, sur fond de mondialisation économique, d'égoïsme collectif, de revendications culturelles et d'extrémismes religieux. Ils ont tissé des liens de solidarité avec les pauvres de leur voisinage. Ils ont contré la logique de mort qui les assaillait en considérant tout homme comme un frère. Ils ont engagé un dialogue avec l'islam dans une démarche de prière. Ils ont manifesté ce que peut être l'Église de Jésus-Christ, quand elle n'est brûlée que de la flamme évangélique, celle des Béatitudes et de la vie offerte.

Alors, oui, leur existence est un appel. Car leurs corps martyrisés dessinent en lettres de sang la seule perspective qui donne un avenir à l'humanité : celle d'une société qui se construit pas à pas, jour après jour, dans le respect mutuel, la recherche de fraternité, la volonté de paix et la pratique du pardon. Pour défaire la violence régnante, Frère Christophe a écrit ces mots inoubliables :

« Quand ton corps s'en prend à ma vie
Quand ton sang y met le feu
Mon cœur me monte au visage. »

Bruno Chenu
Théologien, assomptionniste, ancien rédacteur en chef de La Croix. *Il a consacré une grande part de son travail à l'œcuménisme, et à la reconnaissance ecclésiale « des tiers mondes ». Il a vécu une relation d'amitié et d'entente spirituelle avec les moines de Tibhirine.*

Enfant du village de Mchermou.

Le tournage, dans le grandiose décor de l'Atlas.

DES HOMMES ET DES DIEUX

UN FILM DE XAVIER BEAUVOIS

Avec : Lambert Wilson – Michael Lonsdale – Olivier Rabourdin - Philippe Laudenbach - Jacques Herlin – Loïc Pichon - Xavier Maly – Jean-Marie Frin – Olivier Perrier - Sabrina Ouazani – Farid Larbi – Adel Bencherif.

Scénario Etienne Comar – adaptation et dialogues Xavier Beauvois et Étienne Comar – directrice de la photographie Caroline Champetier – décors Michel Barthélémy – son Jean-Jacques Ferran et Éric Bonnard – montage Marie-Julie Maille – 1er assistant réalisateur Guillaume Bonnier – conseiller monastique Henry Quinson – casting Brigitte Moidon – chef de chant François Polgar - production exécutive Martine Cassinelli.

Une coproduction Why Not Productions – Armada Films - France 3 Cinéma – avec la participation de France Télévisions, Canal +, Cinécinéma et du Centre national du cinéma et de l'image animée – en association avec Cinémage 4, Cofinova 6 et Soficinéma 6 – distribution Mars Films – ventes internationales Wild Bunch -
© 2010 Armada Films - Why Not Productions – France 3 Cinéma

TABLE DES MATIÈRES

MERCI

À Stephen Mack sans qui je n'aurais pas eu ce bel appareil photographique...

À Caroline Champetier pour sa lumière, ses cadres et ses conseils avisés.

À Michel Barthélémy et toute son équipe pour ce décor, sa luzerne et ses vitraux...

À tous les acteurs pour leur générosité infinie...

À Henry Quinson, mon partenaire de la première fois sur un plateau...

À Martine Cassinelli, pour avoir géré tout ce petit monde sereinement.

À Salah, Aziz, Mariam, Zoukaïna, Tarek, Saïd qui sont toujours à Tioumliline...

Et à Xavier sans qui rien n'aurait été possible.

Marie-Julie Maille

Merci à La Croix, *notamment à Bernard Gorce.*